PANÉGYRIQUE

DE

MME TASCHER DE LA PAGERIE.

PANÉGYRIQUE

DE

Mme TASCHER DE LA PAGERIE

Aïeule de Sa Majesté

Louis NAPOLÉON, Empereur des Français;

PAR

M. L'ABBÉ MUSY,

Chanoine honoraire, Chevalier de la Légion-d'Honneur,
Aumônier de la station des Antilles,

PRONONCÉ

Le 2 Juin 1853, en l'Eglise paroissiale des Trois-Ilets,

OU REPOSENT LES RESTES DE L'ILLUSTRE DÉFUNTE.

> Nimis honorati sunt amici tui, Deus.
>
> Vous avez honoré vos amis, mon Dieu, d'une gloire immense.
>
> PSAUME 138, v. 16.

BREST,

IMPRIMERIE DE J.-B. LEFOURNIER AINÉ, GRAND'RUE, [illegible]

1853.

PANÉGYRIQUE

DE

MME TASCHER DE LA PAGERIE

AÏEULE DE SA MAJESTÉ

Louis NAPOLÉON, Empereur des Français.

MONSEIGNEUR,

AMIRAL,

MESSIEURS,

A Dieu seul il appartient de combler ses amis d'une gloire immense et véritable : car lui seul est riche, lui seul est grand. Cependant, dans la distribution de ses magnifiques générosités, ses voies ne ressemblent point aux voies des enfants des hommes. Il veut, pour nous relever, que ses libéralités soient comme le prix de nos mérites et de nos vertus.

Appelés, en conséquence, à suivre le Christ dans la voie de l'opprobre, de la pauvreté et de la souffrance, c'est en marchant sur ses traces que nous acquérons des titres réels à la béatitude et à la gloire même de ce monde. Oui, à la gloire même de ce monde, Messieurs ! En effet, quel est l'homme si heureux ou si extraordinaire par ses œuvres, qui puisse arriver aussi sûrement à l'immortalité et à la vénération, que le plus petit même des saints que nous honorons sur les autels. C'est qu'à Dieu seul il appartient de combler ses amis d'une gloire véritable.

Messieurs, nous n'avons pas été invité par le digne curé de cette paroisse, qui a déployé tant de zèle pour l'accomplissement de cette touchante cérémonie, à faire, en présence de ces illustres restes, le panégyrique de l'un de ces saints que l'Eglise propose à notre vénération. Appelés tous à devenir des saints, nous ne sommes pas tous destinés, en correspondant même à notre vocation, à figurer dans le glorieux calendrier des saints. Une gloire véritable nous est cependant réservée, et sans devenir un objet de culte pour les fidèles, nous deviendrons l'objet de leur admiration, si nous sommes comptés parmi les amis de Dieu.

Telle fut, Messieurs, Madame Tascher de la Pagerie, aïeule du grand Monarque qui gouverne en ce moment la France, et autour des cendres de laquelle nous sommes aujourd'hui réunis pour vénérer sa mémoire, honorer les vertus dont elle nous a donné l'exemple, et remercier Dieu de l'avoir appelée à régner avec lui, après l'avoir montrée à la terre durant le cours d'une longue et honorable carrière.

Quel texte plus frappant de vérité, pouvions-nous trouver, que celui qu'elle nous fournit elle-même. Feue Madame Tascher de la Pagerie fut l'exemple de la douceur, de la résignation chrétienne, et, en particulier, de la charité envers les pauvres et les êtres souffrants; aussi, en récompense de ses vertus, avant de fermer les yeux à la lumière, elle vit sa fille, l'intéressante Joséphine, devenir l'épouse de l'un des plus grands Monarques de la terre, et s'asseoir sur le premier trône de l'univers. Dieu, pour lui épargner un chagrin qui eût été trop sensible à son cœur de mère, l'appela à temps de ce monde ; et ce fut dans cette commune qu'elle rendit sa belle âme à son créateur. Ce fut dans cette église, en présence du chef de la colonie, des autorités et des notabilités du pays, que les derniers honneurs funèbres lui furent rendus. Puis, elle fut déposée dans ce monument sans apprêt qui, depuis quarante-six ans, attend le marbre qui indique que là repose la Mère de Joséphine.

L'oracle saint semble démenti : cette ange de la terre gît oubliée sous le toit d'une pauvre église qui, naguère, menaçait ruine au-dessus d'elle !... Prenons garde, Messieurs, ne jugeons pas les jugements du Seigneur. De sa race et de son sang, mêlé au sang du grand Homme, est né un prince dont l'auréole, brillant de gloire, étendra ses rayons jusqu'à elle, et la fera resplendir, d'oubliée qu'elle était. Oui, c'est l'éclat du nouveau Napoléon que la Providence nous a donné, le sauveur et le régénérateur de la France, qui te fera sortir, Ange de Dieu, de l'obscurité où tu sembles ensevelie. Si la gloire du père rejaillit sur les enfants, la gloire aussi des enfants remonte jusqu'aux pères ; et souvent elle n'est que le développement du germe qu'ils ont déposé dans leur cœur.

Réjouis-toi donc, Femme admirable ; quand tu t'endormis du sommeil des justes, ta fille était assise sur un trône impérial ; aujourd'hui son petit-fils est assis sur ce même trône, appelé par le suffrage de toute une nation qui l'environne de son respect et de son amour. Quand ta dépouille mortelle entra dans ce modeste temple, elle y trouva réunie l'élite des fonctionnaires et des habitants de cette colonie. Une assemblée non moins brillante se presse aujourd'hui autour de tes cendres. J'aperçois l'honorable et digne gouverneur de la Martinique, commandant en chef les forces navales, à qui nous sommes redevables de l'éclat de cette cérémonie, le saint et vénérable prélat de ce diocèse, les chefs des différents services et les diverses notabilités qui, tous, comme leurs devanciers, reconnaissent et publient avec le Roi Prophète, que Dieu honore vraiment ses amis d'une gloire immense.

Un saint et digne homme célébra dans cette chaire tes vertus et les récompenses que Dieu réserve aux cœurs droits et généreux comme le tien. Guidé par la reconnaissance, je raconterai à mon tour, sans avoir la sainteté, le mérite et la douce éloquence de ce vénérable religieux, ce que la tradition a conservé de celle qui fut appelée l'Ange de Dieu dans ces quartiers, et dont les vieillards ont conservé un si touchant souvenir. (1)

Rose-Claire Desvergers de Sanois, de l'ancienne et noble famille de ce nom, naquit à la Martinique vers l'an 1736. Ses parents prirent un soin particulier de son éducation, et virent avec bonheur se développer en leur enfant le germe de toutes les vertus qui ont brillé plus tard d'un éclat si vif. Sa beauté, sa modestie, ses grâces toutes particulières, sa fortune, ne tardèrent pas à attirer l'attention sur elle. Une circonstance funeste vint décider le sort de cette jeune personne accomplie. Son père, M. Desvergers de Sanois, ayant eu le malheur de tuer un homme en duel, M. de Beauharnais, alors gouverneur général de la colonie, promit de lui faire obtenir des lettres de grâce, s'il donnait sa fille en mariage à M. Joseph-Gaspard Tascher de la Pagerie, à la famille duquel il s'intéressait. Les deux jeunes gens, du reste, se convenaient, et le mariage eut lieu en 1758.

(1) Nous nous plaisons à exprimer ici notre reconnaissance envers M. Dessales, ancien Procureur-Général de la Martinique, M. Adrien Dessales, pour les renseignements qu'ils nous ont donnés, et aussi envers M. Dauoy, dont l'excellente Histoire nous a fourni une grande partie des documents biographiques renfermés dans ce discours.

Ces deux époux vivaient heureux et considérés, sur leur habitation des Trois-Ilets, et le ciel avait béni leur union, en leur donnant, dès les premières années de leur mariage, trois filles, une morte fort jeune, Maria et Joséphine. Maria, l'aînée, était mélancolique et grave, Joséphine était enjouée et pleine de vivacité. M. Tascher de la Pagerie possédait en France une sœur, Madame Renaudin, particulièrement liée avec l'ancien gouverneur de la Martinique, le marquis de Beauharnais, qui s'était retiré en France, en l'année 1761.

La tante des deux jeunes Créoles avait ménagé à Maria un mariage avec le fils de son ami, le vicomte Alexandre de Beauharnais. Mais au moment où l'on songeait à envoyer celle-ci en France pour effectuer ce projet, elle fut frappée d'une maladie de langueur.

C'est ainsi, Messieurs, que la Providence dispose souvent contre notre gré les choses de ce bas monde ; l'homme propose et Dieu dispose (Prov. 16. 9) ; et l'homme n'est pas le maître de sa voie (Jérém. 10. 23). Ce n'était pas Maria qui était destinée à devenir l'épouse de M. de Beauharnais : c'était Joséphine qui, par cette union, devait arriver à ses hautes destinées, à travers les mille épreuves qui coûtèrent tant de larmes à sa mère. Arrêtons-nous, toutefois, pour ne pas anticiper sur les événements qui vont se dérouler à vos yeux.

Madame Renaudin, apprenant les tristes nouvelles de la santé de Maria, reporta alors sur Joséphine ses vues de mariage avec le vicomte. Joséphine sembla se prêter difficilement aux desseins de ses parents : enfin, après bien des hésitations de la part de Monsieur, et surtout de Madame de la Pagerie, qui avait pour sa fille une affection particulière, il fut résolu que Joséphine irait trouver sa tante. « Puisque c'est votre » volonté, disait-elle un jour à sa mère, je ferai taire ma » répugnance, et j'irai. »

Avant d'entrer plus avant dans le cœur de notre sujet, permettez-moi, Messieurs, de vous prévenir que l'histoire de Joséphine est si intimement liée à celle de sa mère, que, dans notre récit, nous ne pourrons nous empêcher de réunir l'une à l'autre pour lui donner plus d'intérêt.

Nous croirions aussi manquer à notre tâche, si nous ne rapportions pas ici quelques traditions populaires concernant Joséphine ; non que notre intention soit de donner du poids aux prédictions et aux pratiques sortilèges des nécromanciers, mais pour ne rien omettre de ce qui concerne l'intéressante femme dont nous vous entretenons.

Nous disons donc que la jeune Créole, pétulante et enjouée, avait, dans une de ses promenades et de ses courses avec ses compagnes, été consulter une vieille femme de couleur appelée Euphémie, qui passait pour tirer la bonne aventure au moyen de cartes ; suivant une autre tradition, elle avait été trouver madame David, espèce de bohémienne qui jouissait alors d'une réputation extraordinaire dans l'art de prédire l'avenir et de deviner les choses secrètes. La sibylle, comme cela arrive toujours, avait prédit à Joséphine une destinée brillante. La jeune Créole était donc partie l'âme vaguement pénétrée de l'avenir qui lui avait été prophétisé. Comme il n'est pas rare qu'on attache à l'enfance des grandes destinées, des choses qui paraissent miraculeuses, on dit encore, qu'au moment où partait Mademoiselle de la Pagerie, on aperçut un feu qui couronnait le navire qui la portait.

Que ce fait soit fondé, Messieurs, ainsi que celui des autres traditions, nous ne l'affirmons pas; cependant il n'aurait rien qui nous étonnât. Joséphine fut assurément une grande femme, et l'une des plus intéressantes figures de l'Empire. Serait-elle la première que Dieu eût annoncée par des prodiges, et sur laquelle il eût voulu fixer comme d'avance l'attention du monde? Mais laissons partir cette jeune enfant si candide, et permettons-lui, au moins, de caresser un rêve qui s'accomplira dans son temps.

Joséphine arrivée en France, les deux jeunes gens se virent et ils ne parurent pas se convenir. Cependant le mariage s'accomplit. Joséphine avait alors à peu près seize ans. Le 3 septembre 1780, elle donna le jour, en Bretagne, à Eugène de Beauharnais. Hortense vint au monde quelques années après. A cette époque, la Créole des Trois-Ilets était encore loin de voir s'accomplir ces grandeurs dont nous raconterons bientôt la réalisation, suivie de si amères infortunes. Revenons à sa mère.

Après le départ de sa fille, Madame de la Pagerie avait repris le cours de ses bienfaisantes habitudes. Affable et gracieuse, sa maison était le rendez-vous de la bonne société des environs. Mais, si elle était adorée dans le monde, elle l'était encore bien plus des malheureux. A l'un, c'était une générosité donnée à propos, à l'autre un bon conseil ; à celui-ci un remède, un pansement, à celui-là l'appui et la protection de son nom. Elle était si bonne que les plus malheureux allaient à elle comme on va à une mère. Cependant, à peine quelques années s'étaient écoulées depuis le départ de Joséphine, que l'on remarquait, au milieu des douces occupations de Madame de la Pagerie, une préoccupation continuelle. Son esprit était en France, et son cœur souffrait des grands chagrins de sa fille. Souvent on la surprenait le visage inondé de pleurs, et priant pour cette pauvre enfant qui écrivait de Fontainebleau à un ami de sa mère : ....« Vous ne sauriez vous imaginer, Monsieur, tout ce qu'éprouve ma sensibilité ; je voudrais être sûre d'une occasion pour vous ouvrir mon cœur, vous verriez combien il souffre ; d'ailleurs, vous connaissez déjà ma position, elle n'est point changée, il s'en faut... »

En effet, à la froideur qui avait régné entre les époux depuis le commencement de leur union, avaient succédé des méfiances, de mauvais procédés de la part du marquis, lequel, mettant de côté toute retenue, avait intenté contre sa femme un procès en séparation. Celle-ci, pendant le cours de l'affaire, s'était retirée dans un couvent avec sa fille. Le Parlement de Paris, saisi du différend, avait rendu une décision entièrement favorable à la femme créole, et en la justifiant de toutes les inculpations dirigées contre elle par un mari injuste, l'avait autorisée à ne pas habiter dans l'hôtel du marquis de Beauharnais, qui fut condamné à lui payer une pension.

C'est ici, Messieurs, la position la plus difficile, la plus délicate, la plus pénible où se puisse trouver une épouse, une mère. Joséphine était enjouée, affable : ces belles qualités, elle les avait reçues de la nature. Toutes ses précautions ne purent néanmoins étouffer le démon de la jalousie dans le cœur de son mari. L'orage, longtemps comprimé à l'intérieur, éclate enfin au dehors.

Admirez, Messieurs, la conduite de Joséphine. Afin de ne pas donner prise contre elle à la malignité, elle sortit d'un monde qui l'adulait, et au milieu duquel elle eut trouvé de puissants appuis, pour se retirer dans la solitude d'un couvent, et prouver ainsi à M. de Beauharnais que, sans lui, le monde n'était rien pour elle. Vous pourriez, Messieurs, mesurer l'étendue de ses chagrins, apprécier les larmes qu'elle versa à cette époque pour obtenir du ciel le retour de son mari à des sentiments meilleurs, s'il nous était loisible de mettre sous vos yeux les lettres qu'elle écrivait alors à sa mère.

Madame de la Pagerie, désolée des chagrins de sa fille, l'avait vivement sollicitée de revenir auprès d'elle aux Trois-Ilets : Joséphine se rendit aux prières de Madame de Tascher, et, dans le courant de 1787, elle était à la Martinique avec

Hortense, sa fille chérie. Après trois ans de séjour dans sa patrie, passés, tantôt à Fort-Royal, où elle était reçue avec distinction par le gouverneur, le vicomte de Damas, tantôt à Saint-Pierre, où elle avait de nombreuses connaissances et amis, tantôt dans les mornes où s'était écoulée sa première enfance, elle avait appris avec joie que le marquis de Beauharnais était revenu envers elle à de meilleurs sentiments : il faut donc à l'homme la privation pour le forcer à apprécier son bonheur ! Et puis le ciel avait exaucé les ferventes prières de cette pure et si douce femme. Que d'épouses reconquerraient le cœur de leurs maris, si, à l'exemple de Joséphine, au lieu d'exhaler en tous lieux leurs affligeantes peines, elles s'adressaient à celui qui tient dans sa main le cœur des hommes et les incline comme il lui plaît.

Le plaisir donc de retrouver un époux revenu de ses erreurs, le désir d'embrasser son enfant, avaient déterminé Madame de Beauharnais, malgré les conseils de sa mère, à quitter de nouveau sa patrie : le sort l'entraînait à son étonnante destinée; et, par sa conduite, elle nous découvre l'économie de la vie sociale, appuyée sur ce texte de la Sainte Ecriture : « C'est pourquoi l'homme laissera son père et sa mère pour s'attacher à sa femme ; et ils seront deux dans une seule chair. » Aussi s'embarqua-t-elle, en 1790, sur la frégate que commandait Durant du Braye, chef de la station, pendant l'insurrection du Fort-Bourbon, et sous les boulets que tirait cette forteresse sur les navires de l'Etat qui s'étaient refusés à prendre part à ce mouvement. Les deux époux se revirent à Paris, et les deux enfants, en se jetant dans leurs bras, avaient hâté la réconciliation. De ce moment, aucun orage n'avait plus troublé leur union, et Joséphine, en voyant son mari président de l'Assemblée nationale, puis général en chef de l'armée des Alpes, devait croire que la prophétie de la

Martinique allait se réaliser. Mais, bientôt, arrêtée ainsi que son mari, celui-ci avait eu le sort de la plupart des généraux d'alors, qui trouvaient sur l'échafaud une mort qui les avait épargnés sur le champ de bataille.

A peine les premiers chagrins sont-ils effacés, que d'autres non moins pénibles viennent prendre leur place. Admirons ici la résignation chrétienne et la confiance en Dieu qui soutinrent toujours Joséphine au milieu des tribulations qu'elle eut à supporter. Aussi, quelle reconnaissance elle ressentait pour sa pieuse mère qui l'avait élevée dans ces sentiments, et qui ne cessait, dans ses lettres, de les lui indiquer comme la seule boussole qui pût la diriger et la sauver. Etre mère, et se voir entraînée dans une prison d'où l'on ne sortait guère que pour aller à l'échafaud, quelle plus terrible perplexité ! Cependant, elle ne fut pas au-dessous de l'épreuve, et Dieu, content d'elle, la fit sortir de cette triste situation, après lui avoir fait rencontrer dans cette sombre demeure, les éléments de ses futures destinées.

Après le neuf thermidor, la veuve de Beauharnais, sortie de la prison des Carmes où elle avait été renfermée avec Madame d'Aiguillon et Thérésa Cabarrus, avait trouvé un appui chez la belle Madame Tallien, sa compagne d'infortune. Son nom, ses grâces, ses manières distinguées, lui avaient ouvert les salons où se réunissaient les célébrités de l'époque; et sa mère commença à respirer en apprenant la nouvelle position de sa fille. Cependant elle n'était pas sans inquiétude sur son compte. « Cette pauvre enfant, disait-elle, s'obstine donc à demeurer dans un pays qui la dévorera, au lieu de revenir auprès de sa mère, goûter la paix et le bonheur de nos mornes. » C'est Dieu qui la voulait là, au milieu des agitations même et des violences de cette terrible époque.

A la suite du treize vendémiaire, on avait procédé au désarmement général des sections de Paris, et la veuve du général de Beauharnais n'avait pas été à l'abri des perquisitions des agents de la Convention. L'épée du général avait été saisie et emportée. Joséphine eut l'idée d'envoyer Eugène, son fils, chez le général en chef de l'armée de l'intérieur, chez Bonaparte, qu'elle avait déjà rencontré dans les salons, pour réclamer la restitution de ce glorieux héritage de son mari. Bonaparte, touché de la bonne mine de l'enfant, lui avait fait immédiatement remettre l'épée de son père. Madame veuve de Beauharnais crut que la reconnaissance lui imposait le devoir d'aller remercier le général républicain ; celui-ci lui rendit sa visite : ainsi se fit une connaissance plus particulière de ces deux personnages. Certes, Messieurs, l'enlèvement de ce précieux souvenir de son mari avait été bien cruel pour Joséphine ; admirez cependant les voies de la Providence : Si cette soustraction violente n'avait pas eu lieu, Joséphine n'aurait peut-être pas connu intimement Bonaparte, et elle ne serait probablement pas devenue sa femme. Il nous est donc avantageux quelquefois d'avoir des afflictions et des traverses, et alors nous devons nous abandonner à la volonté de celui qui sait mieux que personne ce qui nous convient, et ne pas murmurer au milieu des plus grandes tribulations, car souvent elles sont nécessaires pour l'accomplissement des dessein de Dieu sur nous, et pour notre félicité, comme il arriva à Joséphine.

Cependant, Madame veuve de Beauharnais, dans son hôtel de la rue Chantereine, présidait avec toute sa grâce créole, à ces réunions dont nous parlions tout à l'heure, et chez elle se faisaient remarquer Bonaparte et Barras, son protecteur. Bonaparte s'éprit aux charmes de la séduisante Créole de la Martinique. Soit que l'amour seul l'eût guidé, soit qu'il s'y mêlât aussi le désir de trouver une protection dans un monde dont le règne semblait revenir, il épousa la veuve du marquis de Beauharnais, le 9 Mars 1796, au deuxième arrondissement de Paris. Bonaparte était âgé de vingt-sept ans, Joséphine avait quelques années de plus que lui. Peut-être, cet homme prodigieux, qui croyait à sa destinée et voyait son étoile au firmament, fut-il aussi frappé par le glorieux destin qu'une prophétie d'enfance avait, autrefois, dans sa patrie d'outremer, pronostiqué à la jeune Tascher de la Pagerie. Et puis, ils étaient l'un et l'autre nés dans des îles gouvernées par la France à peu près de la même manière; leurs âmes se comprirent et la femme créole devina, peut-être, dans le jeune général, sans fortune et doué d'un physique chétif, celui qui devait faire réaliser les paroles fatidiques de la Sibylle martiniquaise.

Est-ce la destinée du jeune général qui influa sur l'avenir de cette femme séduisante, ou bien est-ce celle de cette gracieuse Créole qui influa sur celui de cet homme si puissant? La solution de cette question élevée se cache dans la profondeur des secrets de Dieu. Toutefois, quand Bonaparte crut devoir se séparer de la femme qui l'adorait, qui la première avait possédé son cœur, et que lui-même avait tant aimée, Joséphine se montra sublime de dévouement et de résignation!... Reprenons toutefois. A peine unis, il fallut que Bonaparte quittât une femme aimée pour aller commander en chef, à vingt-huit ans, l'armée d'Italie; mais les palmes qu'il cueillit sur les rives du Mincio et de l'Adige, et dans les plaines de l'Italie septentrionale, compensèrent bien tout le bonheur ravi à l'amour.

La joie était revenue aux Trois-Ilets. Les amis de madame de la Pagerie accouraient de toute part pour la complimenter, et la prophétie concernant Joséphine prenait de plus en plus crédit. «Ce serait chose bien extraordinaire, disait un jour Madame de la Pagerie, si pendant que je suis ici occupée de mes poules, Joséphine allait devenir reine comme lui a prédit la devineresse. » La prédiction était cependant sur le point de s'accomplir.

Le directoire se prenant à redouter la croissante renommée de Bonaparte de retour à Paris, après le traité de Campo-Formio, le sollicita de partir à la tête de l'expédition d'Egypte. Le jeune général, séduit par les souvenirs historiques de l'Orient, entraîné par l'idée de faire de la patrie de Sésostris et de Cléopâtre, une colonie française, apercevant aussi là un passage plus court pour aller attaquer la puissance anglaise dans l'Inde, pressé par Joséphine elle-même dont l'instinct devinait peut-être dans cette expédition la route du trône, Bonaparte, disons-nous, monta sur les vaisseaux de la République et conduisit ses soldats aux Pyramides du haut desquelles quarante siècles planèrent sur ces phalanges accourues de l'Occident. Après s'y être fait surnommer sultan de feu par les Mameluks, il revint en France, entouré d'un nouveau prestige.

La révolution de brumaire s'accomplit, et le consulat, d'abord provisoire, puis définitif, puis renouvelé, et, enfin, à vie, faisait facilement présager un pas de plus vers l'autorité absolue.

Pendant que son gendre prenait ainsi les rênes du gouvernement français, Madame de la Pagerie était l'objet de basses vexations. Plusieurs de ses voisins, de ces habitants qu'elle vit plus tard à ses pieds, croyant faire la cour au gouvernement anglais, conseillaient au général Keppel, alors gouverneur de la Martinique, de l'embarquer et de l'envoyer rejoindre sa fille. Celui-ci, incapable d'une pareille mesure, ne prêta jamais l'oreille à leurs discours, et laissa Madame de la Pagerie jouir paisiblement chez elle de sa tranquillité.

Quand la Martinique fit retour à la France en 1802, M. Villaret de Joyeuse qui en reçut le gouvernement, avait l'ordre particulier de s'informer de Madame de la Pagerie, si elle n'avait à se plaindre de personne, parce que, dans le cas où elle aurait été vexée, maltraitée, ses ennemis devaient être immédiatement déportés de la colonie. « Je ne connais, répondit-elle, que des amis ; je n'y ai aucun ennemi. » Ces paroles n'ont pas besoin de commentaire, et suffiraient seules à la gloire de Madame de la Pagerie.

Vers la fin de septembre 1804, la frégate la *Ville-de-Milan* apporta à la Martinique l'heureuse nouvelle que la volonté souveraine du peuple venait d'élever Napoléon Bonaparte à la dignité impériale, avec hérédité dans sa descendance directe, naturelle et légitime. La prédiction était accomplie. Le héros qui avait pris dans ses vaillantes mains l'épée de Charlemagne, allait placer sur la tête de Joséphine la couronne de ce fondateur de la monarchie française.

Ce fut en tremblant et en élevant au ciel des yeux humides de larmes, que Madame de la Pagerie reçut communication de l'ordre adressé au Capitaine-général de mettre la mère de l'Impératrice et ses parents à même de soutenir le rang auquel ils se trouvaient élevés. Disons-le, à la louange de notre illustre défunte, cette nouvelle dignité, si éminente et si douce au cœur d'une mère, ne fit que rehausser l'éclat de ses vertus.

La Martinique se prépara à célébrer, comme en France, le jour de la prestation du serment d'obéissance aux constitutions de l'Empire et de fidélité à l'Empereur. La veille du jour fixé pour cette solennité, Madame de la Pagerie, la mère de Joséphine, et, par conséquent, Impératrice-Mère, quitta son habitation des Trois-Ilets pour se rendre à Fort-de-France, où le Capitaine-général, le Préfet colonial et le Grand Juge, à la tête des fonctionnaires, l'attendaient sur le rivage. Elle fut reçue au bruit d'une salve de vingt-un coups de canon et au son de la musique militaire. Un immense concours de personnes se pressait sur son passage, pour contempler les traits respectables de la mère de celle qui régnait sur la France entière. Du rivage de la mer, le cortége se rendit au palais du Capitaine-général, et là, chaque fonctionnaire fut présenté par son chef à l'Impératrice-Mère.

Le lendemain, au lever de l'aurore, le canon des forts donna le signal de la cérémonie. Dès sept heures, les autorités militaires, administratives et judiciaires, réunies au palais de la Capitainerie générale, formées en ordre de marche, escortées d'une compagnie de grenadiers, précédées de la musique militaire, se rendirent à l'église paroissiale. Madame de la Pagerie était conduite par le Capitaine-général. Elle fut reçue à la porte de l'église par le père Zacharie, qui lui présenta l'eau bénite et l'encens. Un dais avait été préparé dans le chœur pour la recevoir, elle s'y plaça, ayant à ses côtés ses deux nièces, Mesdames Sainte-Catherine et Charles d'Audiffredy. Le service religieux fut ouvert par le chant du *Veni Creator*. Par cette solennelle invocation ; les âmes pieuses appelèrent les bénédictions du Souverain dispensateur des couronnes, sur la tête du héros que sa volonté suprême, la reconnaissance et l'admiration des Français venaient d'élever sur le pavois national ; elles n'oublièrent pas celle qui, née presque obscure sur ce coin perdu de la terre, se trouvait maintenant assise sur un trône, à côté du plus grand guerrier, du monarque le plus puissant du Monde.

Après la prestation du serment, la revue des troupes sur la Savane et les réjouissances de la journée, le Capitaine-général donna un dîner de deux cents couverts, où les élans de la joie et de l'enthousiasme comprimés le matin par la gravité des cérémonies, se donnèrent un libre cours. Les santés se succédèrent rapidement. Nous citerons les principales.

Par le Capitaine-général : « A Napoléon Bonaparte, Em-
» pereur des Français : si son règne durait autant que notre
» amour et sa gloire, il serait immortel. »

Par le Préfet colonial : « A Sa Majesté l'Impératrice des
» Français : il était réservé aux grâces et à la bonté de par-
» tager avec le génie et la victoire le trône des Français. »

Par le Grand Juge : « A la mère de Sa Majesté l'Impératrice :
» elle est le modèle des vertus dans la Colonie, la France
» lui doit toutes celles qui brillent sur le trône avec son
» auguste fille. »

L'allégresse et l'émotion qu'avait inspirées la fête de la prestation de serment étaient à peine apaisées, qu'elles allaient renaître plus vives, plus universelles, à l'occasion du couronnement de Napoléon. Madame de la Pagerie fut encore le principal ornement de cette brillante fête nationale. Accompagnée du Capitaine-général, elle alla se placer, avec les dames, sur des gradins élevés en face du Champ-de-Bataille, d'où elle assista à des évolutions militaires, qui furent suivies d'une cérémonie religieuse. Le clergé vint la recevoir à la porte de l'enceinte sacrée, lui présenta l'encens, la conduisit dans le chœur sous un dais préparé pour elle, et le chant du *Te Deum* et la prière pour l'Empereur, retentirent alors sous les voûtes sacrées. Au sortir de l'église, les autorités allèrent offrir leurs hommages à la mère de Sa Majesté l'Impératrice.

Le soir, ce fut elle qui alluma le feu d'artifice, au moyen d'une lance enflammée que lui présenta le Directeur général de l'artillerie. A ce spectacle imposant, succéda un bal magnifique où l'on compta plus de deux cents dames, et au moins six cents cavaliers. Au milieu du repas qui interrompit le bal, vers une heure du matin, des santés de toutes espèces furent portées à l'Empereur, à l'Impératrice et à la Mère de l'Impératrice.

Quelle plus belle, quelle plus douce existence que celle désormais de Madame de la Pagerie. Aimée, admirée, vénérée de tous, elle passa encore près de trois années à savourer le bonheur inexprimable d'être la Mère de Joséphine, et de lui voir porter sur le trône ces vertus sublimes dont elle-même lui avait donné les premières leçons.

Ce fut cependant son élévation qui fut la cause de son malheur. Madame Tascher, accoutumée jusque-là à une vie douce et paisible, se croyant obligée de se prêter aux honneurs dont on l'environnait, et pour complaire au Capitaine-général, se décida à quitter les foyers tranquilles des Trois-Ilets pour venir résider quelques mois au Fort-de-France. Le genre de vie différent de celui qu'elle menait depuis si long-temps, les veilles, les grands repas, l'ennui de l'étiquette à laquelle elle se prêtait malgré elle, enflammèrent son sang, et lui occasionnèrent la maladie qui la fit descendre au tombeau

Il serait difficile d'exprimer le bonheur avec lequel elle regagna ses Trois-Ilets. « C'est bien, c'est beau, disait-elle, d'être élevé et honoré ; mais ça ne vaut pas le charme et la douceur de la campagne. » Ce fut néanmoins au milieu des douceurs de cette vie qu'elle pensa périr d'une mort violente, comme nous allons le raconter. Dans le mois de Juillet 1806, une de ses servantes, la fille de la nourrice de l'Impératrice Joséphine, à qui elle avait promis la liberté à sa mort, voulant jouir plus tôt de cette liberté, résolut d'empoisonner sa maîtresse avec du verre pilé qu'elle sema dans le dîner qu'elle lui portait dans sa chambre où elle était indisposée. Heureusement pour Madame de la Pagerie qu'elle sentit quelque chose craquer sous ses dents, et qu'elle rejeta à l'instant le poison meurtrier. Cet événement parvint à la connaissance de la justice, malgré le soin que l'on mit à le lui dérober, et l'infortunée subit le supplice que méritait son crime; les supplications et les prières de Madame de la Pagerie ne purent obtenir sa grâce.

Le moment approchait toutefois où la Martinique allait perdre cette femme admirable. Mais, avant de raconter sa sainte mort, arrêtons-nous un instant pour analyser les sentiments intimes de cette belle âme.

Peu de femmes ont joui d'un bonheur égal à celui de Madame de la Pagerie; et ce qu'il y a de plus merveilleux en elle, c'est que la prospérité et l'élévation ne ternirent pas l'éclat de ses vertus. Elle fut aussi modeste, aussi bonne, aussi charitable dans les années de sa gloire, qu'elle l'avait été auparavant. Pourquoi, Messieurs? parce que sa piété élevée lui fit regarder ces récompenses du monde comme caduques et périssables, et qu'elle s'attacha particulièrement à acquérir la récompense éternelle des saints. Et elle ne se trompait pas, assurément; car si Madame de la Pagerie eût vécu seulement quelques années de plus, elle aurait vu le prestige de son rang s'évanouir, et les chagrins immenses de sa fille l'auraient sans doute précipitée dans la tombe, après avoir fait de la femme la plus heureuse du monde, une mère de douleur et d'affliction. Mais Dieu, satisfait de ses mérites, l'appela à temps de cette vie, et lui épargna d'aussi amères chagrins, sans néanmoins la préserver des souffrances d'une douloureuse infirmité, et sans lui accorder la faveur qu'elle lui demandait de revoir encore une fois sa fille, de pouvoir l'embrasser, ainsi que ses enfants, et contempler un instant, avant de mourir, la splendeur de son élévation.

Depuis longtemps, une maladie lente et dont les progrès devenaient tous les jours plus alarmants, faisait présager à la colonie la perte qu'elle allait éprouver. Le mardi, deux juin, à neuf heures et demie du matin, Madame de la Pagerie, après avoir reçu les sacrements de l'église, expira âgée de soixante-onze ans, entourée d'une partie de sa famille. Le Capitaine-général, averti de son état de faiblesse, s'était hâté de se transporter auprès d'elle. Bientôt la douleur publique annonça à toute l'Ile ce funeste événement. Le Préfet colonial et le Grand-Juge se rendirent tout de suite sur l'habitation de Madame de la Pagerie, où elle résidait et où elle venait de couronner par une mort édifiante la sainte vie qu'elle avait menée.

Le corps, après avoir été embaumé, fut exposé dans une chapelle ardente. Plusieurs ministres des autels y célébrèrent le service divin et récitèrent les prières des morts jusqu'au moment fixé pour l'inhumation. Les canons des forts et des batteries de la rade, tirèrent toutes les demi-heures. Le quatre, à trois heures après-midi, le convoi se mit en marche : les trois premiers magistrats de la colonie, les corps civils et militaires, un très-grand nombre d'habitants réunis de tous les points de l'île, formaient le cortége. Des troupes bordaient la haie sur le chemin que devait traverser le convoi funèbre. Le clergé, en habits sacerdotaux, attendait, à l'entrée du bourg des Trois-Ilets, le corps qui, après avoir été enlevé du char funèbre, fut déposé dans la maison presbytérale préparée pour le recevoir. Le Préfet apostolique, avant de commencer l'office, retraça, dans un discours religieux, les vertus de la mère de Joséphine, de l'exercice desquelles les nombreux assistants avaient été les témoins journaliers. Cette cérémonie lugubre et attendrissante laissa de profondes impressions dans l'esprit de chacun. Puis le corps fut déposé dans ce caveau, construit exprès dans cette église pour la famille de Madame de la Pagerie, au bruit des salves de toutes les batteries des troupes et des bâtiments de Sa Majesté, stationnés dans la rade des Trois-Ilets.

Ainsi vécut, ainsi mourut, ainsi fut honorée l'Ange des Trois-Ilets, que ses vertus personnelles, les gloires et le mérite de Joséphine rehaussèrent d'un éclat si brillant.

Vanité des vanités, tout n'est donc que vanité, nous écrierons-nous en terminant, Messieurs, puisque la femme si vantée, si vénérée dont nous venons d'exquisser la vie à grands traits, a fini par payer le tribut à la mort. Vanité des vanités, tout n'est donc que vanité, puisqu'elle fut redevable à la mort de n'avoir pas vu l'éclat de sa gloire s'évanouir avec celui de sa fille. Vanités des vanités, tout n'est donc que vanité, puisqu'après avoir été l'objet des soins et de la considération du monde, cette femme, l'une des gloires de la Martinique, gît sans le moindre signe de distinction dans ce froid tombeau, demeuré inachevé.

Non, dirons-nous avec Bossuet, après ce que nous venons de voir, la santé n'est qu'un nom, la vie n'est qu'un songe, la gloire n'est qu'une apparence, les grâces et les plaisirs ne sont qu'un dangereux amusement; tout est vain en nous, excepté le sincère aveu que nous faisons devant Dieu de nos vanités, et le jugement arrêté qui nous fait mépriser tout ce que nous sommes.

Ange de paix, console-toi cependant dans la solitude de ton tombeau: ton souvenir et celui de tes vertus sont restés profondement gravés dans le cœur des enfants et des petits enfants de ceux qui t'ont vue de leurs yeux, qui t'ont environnée de leur respect et de leur amour. Si des temps malheureux ont empêché les illustres alliés de ta fille de songer à ton tombeau, ton arrière petit-fils, l'Elu des Français, réparera cet oubli involontaire.

Pour nous, Messieurs, attachons-nous, comme la femme

illustre et vertueuse dont nous avons aujourd'hui rappelé la mémoire, à acquérir les biens éternels et véritables. Prisons comme elle la gloire et les distinctions, sans y attacher notre cœur, et estimons comme elle que notre fin principale est d'acquérir la béatitude éternelle par la pratique des vertus dont elle nous a donné l'exemple.

www.ingramcontent.com/pod-product-compliance
Lightning Source LLC
LaVergne TN
LVHW010304230826
846091LV00007BB/2705

* 9 7 8 2 0 1 3 4 6 2 8 9 1 *